Un libro de Las Raíces de Crabtree
# VETERINARIO

**La gente que conozco**

DOUGLAS BENDER
Traducción de Pablo de la Vega

CRABTREE
Publishing Company
www.crabtreebooks.com

# Apoyos de la escuela a los hogares para cuidadores y maestros

Este libro ayuda a los niños en su desarrollo al permitirles practicar la lectura. Abajo están algunas preguntas guía para ayudar al lector a fortalecer sus habilidades de comprensión. En rojo hay algunas opciones de respuesta.

## Antes de leer:
- ¿De qué pienso que trata este libro?
  - *Este libro es sobre los veterinarios.*
  - *Este libro es sobre lo que hacen los veterinarios en su trabajo.*
- ¿Qué quiero aprender sobre este tema?
  - *Quiero aprender dónde trabaja un veterinario.*
  - *Quiero aprender qué hace un veterinario.*

## Durante la lectura:
- Me pregunto por qué...
  - *Me pregunto por qué algunas personas deciden trabajar como veterinarios.*
  - *Me pregunto por qué los veterinarios ponen inyecciones a los animales.*
- ¿Qué he aprendido hasta ahora?
  - *Aprendí que algunos veterinarios ayudan a los animales pequeños.*
  - *Aprendí que los veterinarios dan medicinas a los animales.*

## Después de leer:
- ¿Qué detalles aprendí de este tema?
  - *Aprendí que no todos los veterinarios saben cómo ayudar a todos los animales.*
  - *Aprendí que los animales necesitan inyecciones para mantenerse sanos.*
- Lee el libro una vez más y busca las palabras del vocabulario.
  - *Veo la palabra **medicinas** en la página 8 y la palabra **inyecciones** en la página 10. Las demás palabras del vocabulario están en la página 14.*

Él es un **veterinario**.

Algunos veterinarios ayudan a los **animales** grandes.

Algunos veterinarios ayudan a los animales pequeños.

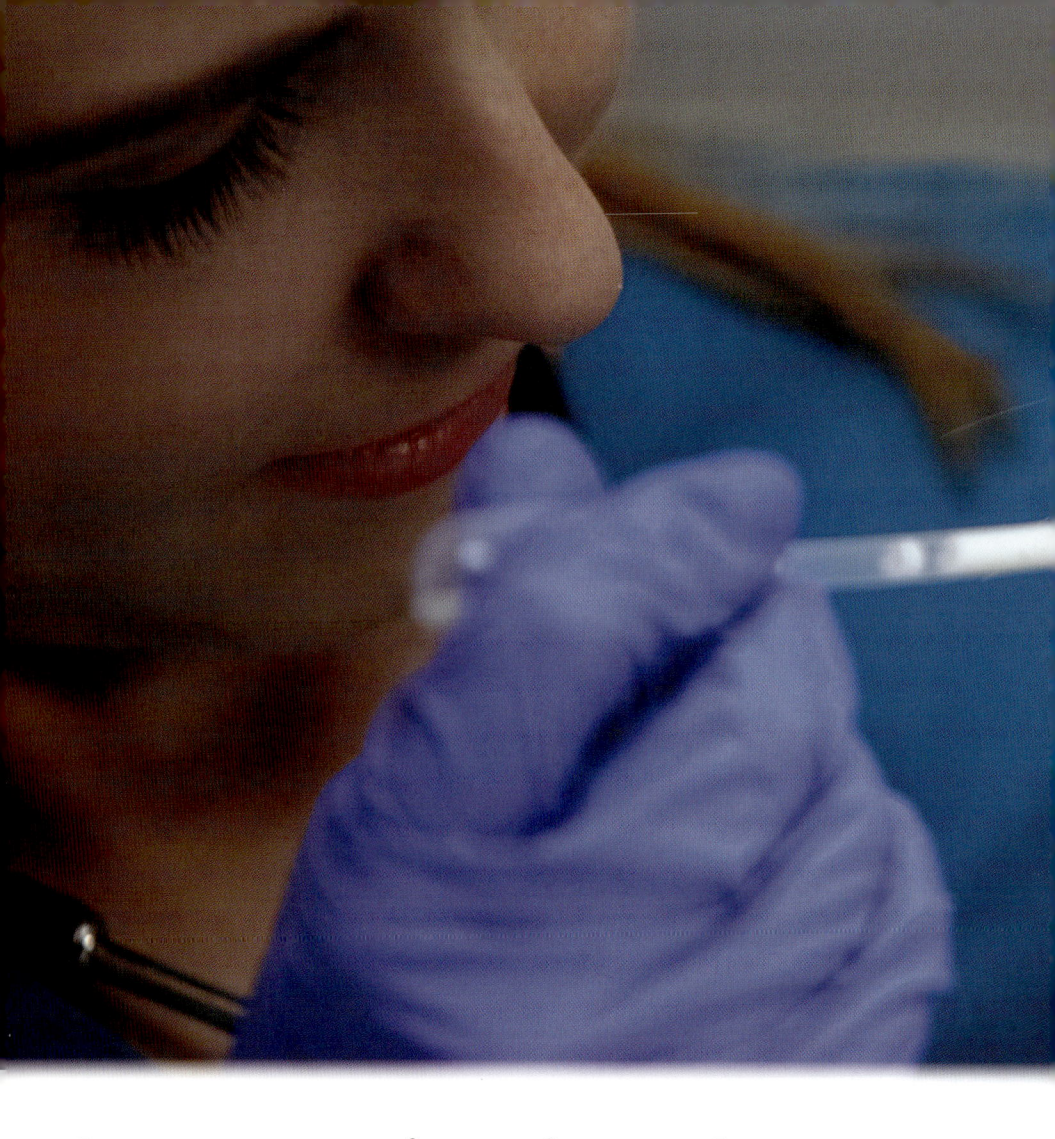

Los veterinarios dan **medicinas** a los animales.

Los veterinarios dan **inyecciones** a los animales.

¿Conoces a algún veterinario?

# Lista de palabras

## Palabras de uso común

| | | |
|---|---|---|
| a | él | un |
| algún | es | |
| algunos | los | |

## Palabras para conocer

animales

inyecciones

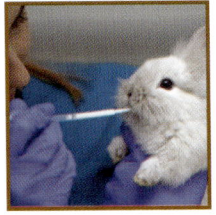
medicinas

veterinario

# **36 palabras**

Él es un **veterinario**.

Algunos veterinarios ayudan a los **animales** grandes.

Algunos veterinarios ayudan a los animales pequeños.

Los veterinarios dan **medicinas** a los animales.

Los veterinarios dan **inyecciones** a los animales.

¿Conoces a algún veterinario?

Written by: Douglas Bender
Designed by: Rhea Wallace
Series Development: James Earley
Proofreader: Ellen Rodger
Educational Consultant:
Marie Lemke M.Ed.
Translation to Spanish:
Pablo de la Vega
Spanish-language lay-out and
proofread: Base Tres
Print and production coordinator:
Katherine Berti

## La gente que conozco
# VETERINARIO

Photographs:
Shutterstock: The_Molostock: cover; hedgehog94: p. 1; santypan: p.3, 13, 14; BBSTUDIOPHOTO: p. 4-5, 14; JuiceFair: p. 6; Motortion Films: p. 8-9; FamVeld: p. 11

Library and Archives Canada Cataloguing in Publication

Title: Veterinario / Douglas Bender.
Other titles: Vet. Spanish
Names: Bender, Douglas, 1992- author. | Vega, Pablo de la, translator.
Description: Series statement: La gente que conozco | Translation of: Vet. | Translation to Spanish: Pablo de la Vega. | "Un libro de las raíces de Crabtree". | Text in Spanish.
Identifiers: Canadiana (print) 20210210214 | Canadiana (ebook) 20210210222 | ISBN 9781427141477 (hardcover) | ISBN 9781427141538 (softcover) | ISBN 9781427141354 (HTML) | ISBN 9781427141415 (EPUB) | ISBN 9781427141590 (read-along ebook)
Subjects: LCSH: Veterinarians—Juvenile literature.
Classification: LCC SF756 .B4618 2022 | DDC j636.089/069—dc23

Library of Congress Cataloging-in-Publication Data

Available at the Library of Congress

## Crabtree Publishing Company

www.crabtreebooks.com     1-800-387-7650

Printed in the U.S.A./062021/CG20210401

Copyright © 2022 **CRABTREE PUBLISHING COMPANY**

All rights reserved. No part of this publication may be reproduced, stored in a retrieval system or be transmitted in any form or by any means, electronic, mechanical, photocopying, recording, or otherwise, without the prior written permission of Crabtree Publishing Company. In Canada: We acknowledge the financial support of the Government of Canada through the Canada Book Fund for our publishing activities.

**Published in the United States**
**Crabtree Publishing**
347 Fifth Avenue, Suite 1402-145
New York, NY, 10016

**Published in Canada**
**Crabtree Publishing**
616 Welland Ave.
St. Catharines, Ontario L2M 5V6